SELKO

© 2021 Ponteva, Katariina
Kustantaja: BoD – Books on Demand, Helsinki, Suomi
Valmistaja: BoD – Books on Demand, Norderstedt, Saksa
ISBN: 9789528036555
Kirjan kuvitukset ja taitto: Elina Malmi

KATARIINA PONTEVA

PAKKO-

KERÄILY

KURIIN

SELKOKIRJA

Sisältö

Aluksi

Pakkokeräily on pakottava tarve kerätä turhia tavaroita.

Sen toinen nimi on keräilypakko.

Sitä kutsutaan myös sairaalloiseksi hamstraamiseksi.

Hamstraaminen-sana viittaa pieneen hamsteri-jyrsijään.

Hamsterit voivat rohmuta poskipusseihinsa

paljon tavaroita,

ja laittaa ne sitten varastoon.

Pakkokeräilijä on ihminen,

jonka on vaikea heittää tavaroita pois.

Tavarat ovat hänelle liian tärkeitä.

Ne voivat olla hänelle tärkeämpiä kuin ihmiset.

Pakkokeräily voi olla vaarallista.

Jos koti on täynnä sanomalehtiä,

lehdet voivat syttyä vahingossa palamaan.

Jos koti on täynnä likaisia astioita

tai pilaantuneita ruokia,

ne voivat olla terveydelle vaarallisia.

Likaisuuden takia asunnosta voi löytyä hyönteisiä

tai hiiriä ja rottia.

Pakkokeräilijän on vaikea pitää kotinsa siistinä,

koska tavaroita on niin paljon.

Hän ei halua kutsua ihmisiä kotiinsa,

koska häntä hävettää kodin sotkuisuus.

Pakkokeräily on sairaus,

mutta pakkokeräilijät eivät yleensä pidä itseään sairaina.

Heitä on sen takia vaikea auttaa.

Pakkokeräilijät tarvitsevat kuitenkin apua.

Heidän perheensä ja ystävänsä ovat huolissaan heistä.

Perhe ja ystävät haluaisivat auttaa pakkokeräilijöitä,

mutta he eivät osaa.

Tässä kirjassa kerrotaan pakkokeräilystä ja siitä,

miten pakkokeräilyä voidaan hoitaa.

Voit myös lukea,

miten pakkokeräily on vaikuttanut

joidenkin ihmisten elämään.

Haastattelin kirjaa varten pakkokeräilijöitä

ja heille tärkeitä ihmisiä.

Pakkokeräilijöitä oli vaikea löytää,

koska heitä hävetti kertoa ongelmastaan.

Olen iloinen,

että löysin joitakin rohkeita pakkokeräilijöitä.

He halusivat kertoa tarinansa.

Löytämäni pakkokeräilijät ajattelivat,

että tarinat voisivat auttaa muita pakkokeräilijöitä.

Mitä pakkokeräily on?

Melkein kaikki ovat joskus keränneet jotakin.

Minä keräsin pikkutyttönä kiiltokuvia.

Eräs ystäväni kerää edelleen postimerkkejä.

Keräily on monelle harrastus.

Keräilijä järjestää postimerkit

tai muut keräämisen kohteet kokoelmaksi.

Keräilijä esittelee mielellään kokoelmaansa,

koska hän on ylpeä siitä.

Keräily on pakkokeräilyä,

jos keräiltävät asiat eivät ole järkeviä

tai jos niitä on liikaa.

Pakkokeräilyä on myös se,

jos ihminen säästää suuria määriä roskia.

Pakkokeräilijän kylpyhuone voi olla

niin täynnä tavaroita,

että siellä ei voi peseytyä.

Monen pakkokeräilijän keittiössä ei pysty

tavaroiden takia laittamaan ruokaa tai syömään.

Joidenkin pakkokeräilijöiden sängyssä

ei mahdu nukkumaan,

koska siellä on niin paljon tavaroita.

Pakkokeräilijöitä on joka puolella maailmaa.

Heitä on ainakin noin viisi prosenttia ihmisistä.

Eli sadasta ihmisestä noin viisi kärsii pakkokeräilystä.

Pakkokeräilijän ominaisuuksia ja pakkokeräilyn oireita

Monilla pakkokeräilijöillä on samanlaisia ominaisuuksia.

Kaikki pakkokeräilijät eivät kuitenkaan ole samanlaisia,

eikä heitä pysty erottamaan muiden joukosta.

Monet pakkokeräilijät ovat älykkäitä,

ja he haluavat tehdä kaikki asiat täydellisesti.

Pakkokeräilijöiden on usein vaikea tehdä päätöksiä.

Monet pakkokeräilijät ovat myös

epävarmoja ja jännittyneitä.

He pelkäävät usein myös muutoksia.

Monen pakkokeräilijän on vaikea kieltäytyä mistään,
minkä hän on saanut ilmaiseksi.

Kun pakkokeräilijä on hankkinut tai saanut jotain,
hänen on vaikea luopua siitä.

Monella pakkokeräilijällä keräilypakko on alkanut
ikävän tapahtuman jälkeen.

Pakkokeräilijä on voinut kohdata väkivaltaa,
tai hän on saattanut menettää lapsensa.

Jos joku pakkokeräilijälle tärkeä ihminen on kuollut,
se on voinut aiheuttaa hänelle keräilypakon.

Monet pakkokeräilijät eivät ole läheisiä perheensä kanssa.

Heidän mielestään perhe ei ole tukenut heitä.

Monet pakkokeräilijät ovat lapsena pelänneet aikuisia.

Jotkut pakkokeräilijät kärsivät tunteiden puutteesta.

Pakkokeräilijät eivät yleensä pidä siitä,

että heitä kosketetaan.

Jotkut pakkokeräilijät kärsivät

keräilypakon lisäksi pakkohäiriöstä.

Sellaisia voivat olla esimerkiksi pakonomainen

käsien peseminen tai sormien naputtelu.

Pakkotoiminnot voivat auttaa lyhyeksi ajaksi.

Ne tekevät olon turvalliseksi ja lievittävät pahaa oloa.

Monien pakkokeräilijöiden on vaikea pitää

aikatauluista kiinni

ja olla ajoissa paikalla.

Joillakin pakkokeräilijöillä saattaa

olla ongelmia painon kanssa.

Ikävin pakkokeräilyn oire on masennus.

Joillakin pakkokeräilijöillä voi olla itsemurha-ajatuksia.

Se on vaarallista.

Silloin pitää hakea välittömästi apua.

Pakkokeräilyn muotoja

Pakkokeräilijä hankkii liikaa tavaroita.

Pakkokeräilijä ostaa,

kun hän saa jotain halvalla.

Pakkokeräilijä hankkii suuria määriä edullisia tavaroita,

koska ne ovat hänen mielestään tarpeellisia.

Jotkut pakkokeräilijät ajattelevat,

että he voivat antaa hankkimiaan tavaroita muille.

Pakkokeräilijät tekevät kuitenkin harvoin niin.

Pakkokeräilijän on vaikea päästä tavaroista eroon,

vaikka hän haluaisi.

Tavaroilla on pakkokeräilijälle liian suuri merkitys.

Jostakin ihmisestä on tullut pakkokeräilijä,

koska hän on saanut tavaroita ilmaiseksi.

Pakkokeräilijä ei ole pystynyt kieltäytymään niistä,

eikä hän ole pystynyt luopumaan niistä.

Jotkut pakkokeräilijät hankkivat liikaa eläimiä.

He haluavat pelastaa eläimet,

vaikka heillä ei ole tilaa niille.

Eläimet kärsivät,

jos niillä on liian vähän tilaa.

Kodista voi myös tulla eläinten takia epäsiisti

tai jopa vaarallinen.

Likaiset eläimet voivat myös levittää tauteja.

Pakkokeräilyn syitä

Keräilypakon tarkkaa syytä ei tiedetä.

Se voi olla perinnöllistä.

Monen pakkokeräilijän vanhemmat ovat pakkokeräilijöitä,

mutta aina ei ole niin.

Keräilypakko on samankaltainen tauti kuin

aktiivisuuden ja tarkkaavaisuuden häiriö eli ADHD.

Myös pakkokeräilijän on vaikea keskittyä

ja tehdä asioita loppuun.

Pakkokeräilijän on vaikea päättää asioista,

eikä hän osaa erottaa tärkeitä

ja vähemmän tärkeitä asioita toisistaan.

Tutkijat ovat huomanneet,

että pakkokeräilijän elimistö toimii eri tavalla kuin muilla.

Hänen elimistönsä käsittelee sinne tulevia aineita heikosti.

Se tarkoittaa sitä,

että pakkokeräilijän aineenvaihdunta on huonoa.

Pakkokeräilijän aivot toimivat eri tavalla kuin muiden.

Yleensä muistamme,

mihin laitoimme tavaramme.

Tavara on usein tavallisessa paikassa,

esimerkiksi kattilat ovat keittiössä.

Pakkokeräilijä voi jättää tavaroita outoihin paikkoihin,

esimerkiksi kattilat sängylle.

Tavaroista voi syntyä isoja kasoja.

Monet pakkokeräilijät muistavat,

mihin he jättivät tavarat.

Se ei ole kuitenkaan varmaa,

joten pakkokeräilijän voi olla vaikea löytää tavaroita.

Yksityiskohdat ovat pakkokeräilijälle tärkeitä.

Pakkokeräilyn vaikutuksia ja seurauksia

Keräilypakko vaikuttaa pakkokeräilijän
perheeseen ja ystävyyssuhteisiin.

Jos lapsen vanhemmat ovat pakkokeräilijöitä,
lapsen on vaikea puhua asiasta.

Lapsi ei ymmärrä mistä on kysymys.

Usein lapsi käyttäytyy kuin asiat olisivat kunnossa.

Jos aikuisen ihmisen vanhemmat ovat pakkokeräilijöitä,
hän on huolissaan heistä.

Aikuinen lapsi haluaisi auttaa vanhempiaan,
mutta hän ei tiedä miten.

Keräilypakko aiheuttaa yksinäisyyttä,
taloudellisia ongelmia ja avioeroja.

Pakkokeräilijät menevät harvoin naimisiin.

Jos pakkokeräily ei aiheuta taloudellisia ongelmia,
avioliitto voi onnistua ja olla onnellinen.

Miksi joku on pakkokeräilijä?

Miksi joku on pakkokeräilijä?

Miksi joku kerää tavaroita,

joita muut eivät kerää?

Miksi joku kerää tavaroita,

vaikka ei haluaisi?

Miksi joku ei pysty luopumaan turhista tavaroista?

Pakkokeräilijät ovat kuvanneet keräilypakkoaan näin:

"Tavarat eivät ole niin hankalia kuin ihmiset.

Ne tuovat turvaa."

Joillekin pakkokeräilijöille tavarat ovat yhtä tärkeitä

tai tärkeämpiä kuin aviopuoliso tai lapset.

Eräs pakonomaisesta ostamisesta kärsivä nainen
kertoi, että ostaminen auttaa masennukseen.

Naiselle tulee siitä hetkeksi parempi olo.

Sen jälkeen hänellä on usein vielä huonompi olo.

Jotkut pakkokeräilijät haluavat hyödyntää
kaikki käytöstä poistetut tavarat uudelleen.

Omasta mielestään he tuhlaavat,

jos he heittävät jotain pois.

Pakkokeräilijät säästävät tavarat,

joita kukaan muu ei halua säästää.

Muut ajattelevat,

että ne ovat roskia.

Miksi pakkokeräilyä ei voi lopettaa?

Miksi pakkokeräilijä ei lopeta keräilyä,

vaikka se aiheuttaa niin paljon ongelmia?

Pakkokeräilijät eivät pysty lopettamaan keräilyä,

vaikka he haluaisivat.

Pakkokeräilijät vertaavat keräilypakkoa

huumeiden käyttöön.

He haluaisivat lopettaa keräilyn,

mutta he eivät pysty.

Uuden tavaran hankkiminen tekee pakkokeräilijän

epätavallisen tyytyväiseksi ainakin hetkeksi.

Tavaroista luopuminen on pakkokeräilijän
mielestä pelottavaa.
Tavaroihin voi liittyä niin tärkeitä muistoja,
että pakkokeräilijä ei halua luopua niistä.
Tavaroista on tullut osa itseä.

Joillekin pakkokeräilijöille tavaroista luopuminen
tarkoittaisi kuolemaa.
Jotkut pakkokeräilijät olisivat valmiita jopa tekemään
itsemurhan ennemmin kuin luopuisivat tavaroistaan.
Se on vaarallista.
Silloin pitää hakea välittömästi apua.

Eräs pakkokeräilijä totesi näin:

"Jos heitän paljon pois,

minusta ei jää mitään jäljelle."

Pakkokeräilijät haluavat olla täydellisiä.

Koska pakkokeräilijät eivät voi siivota täydellisesti,

he eivät yleensä halua siivota.

Pakkokeräilijät elävät mieluummin sotkussa.

Heidän mielestään on helpompi olla,

kun ei tee mitään.

Jotkut pakkokeräilijät pelkäävät virheitä.

He välttelevät sellaisia tilanteita,

joissa he joutuisivat luopumaan jostakin.

Pakkokeräilijöitä pelottaa,

että he tekevät virheen ja

heittävät vahingossa pois jotain tarpeellista.

On myös sellaisia pakkokeräilijöitä,

jotka eivät huomaa omaa tilannettaan.

Pakkokeräilijät eivät myöskään ajattele tai tajua,

että heidän kotinsa on sotkuinen.

Pakkokeräilijät saattavat kieltää ongelmansa,

vaikka pakkokeräily ei ole terveellistä.

Miten pakkokeräilystä voi päästä eroon?

Voiko pakkokeräilystä päästä eroon?

Voi.

Se ei kuitenkaan ole helppoa.

Pakkokeräilystä voi päästä eroon,

mutta se vaatii pakkokeräilijän omaa tahtoa.

Ketään ei voi pakottaa luopumaan tavaroista.

Pakkokeräilijän täytyy itse haluta muuttua.

Jos pakkokeräilijä ei ole tehnyt sitä päätöstä,

häntä ei voi auttaa.

Pakkokeräilijän ei kuitenkaan tarvitse selvitä

tilanteesta yksin.

Jos pakkokeräilijän koko perhe tai puoliso

ja ystävät auttavat,

muutos voi onnistua.

Muutokseen voi mennä pitkä aika,

ja muutokset eivät ole aluksi suuria.

Tärkeintä on aloittaa muutos varovasti,

ja saada tilanne ensin hallintaan.

Keskustelu asiantuntijan kanssa

voi auttaa pakkokeräilijää.

Sitä sanotaan terapiaksi.

Terapiassa pakkokeräilijä tapaa ihmisen,

joka on erikoistunut ongelmien käsittelyyn.

Häntä kutsutaan terapeutiksi.

Pakkokeräilijä kertoo terapeutille ongelmastaan,

ja sitten he keskustelevat yhdessä asiasta.

Terapeutti auttaa pakkokeräilijää parantumaan.

Terapiaan voi liittyä harjoituksia.

Se voi tarkoittaa sellaista kaupassa käymistä,

että pakkokeräilijä ei osta mitään.

Joidenkin pakkokeräilijöiden täytyy pysyä erossa asiasta,

mitä he haluavat lisää.

Jos pakkokeräilijä ei osaa olla ostamatta mitään,

hänen ei kannata mennä kauppaan ollenkaan.

Joskus pakkokeräilijän asunto on niin täynnä tavaraa,

että se on vaarallinen.

Silloin asunto voidaan joutua tyhjentämään väkisin.

Se ei ole kuitenkaan hyvä asia pakkokeräilijälle.

Pakkokeräilijää auttaisi enemmän,
jos hän tyhjentäisi asuntoa vähitellen.
Ulkopuolinen ammattilainen voi auttaa
pakkokeräilijää raivaamaan tavaroitaan.
Sellaista henkilöä kutsutaan ammattijärjestäjäksi.
Ammattijärjestäjä auttaa ihmisiä järjestämään tavaroita.

Oikeat lääkkeet voivat myös auttaa pakkokeräilijää.
Pelkkä lääkkeiden syöminen ei poista keräilypakkoa.
Terapian ja lääkkeiden yhdistelmä
voi auttaa jotakin pakkokeräilijää.

Nämä ajatukset voivat auttaa pakkokeräilijää:

1. Tutustu aiheeseen.

   Lue asiasta kertova kirja.

2. Puhu asiasta luotettavalle ihmiselle.

3. Etsi terapeutti.

4. Usko siihen,

   että voit parantua.

5. Älä usko kaikkea,

   mitä Internetin keskustelupalstoilla kirjoitetaan.

6. Muista,

   että pakkokeräilystä kertovat

   tv-ohjelmat eivät ole aina totta.

Haasteita

Tilanne on hankala.

Suomessa ei ole tällä hetkellä terapeutteja,

jotka ovat erikoistuneet pakkokeräilyyn.

Terapeuteista ja terapiasta on kuitenkin hyötyä

monelle pakkokeräilijälle.

Olisi hyvä,

jos ammattijärjestäjä voisi auttaa pakkokeräilijää.

Hän voi auttaa ihmisiä luopumaan turhista tavaroista.

Ammattijärjestäjiäkään ei ole Suomessa vielä paljon.

Kaikilla pakkokeräilijöillä ei ole rahaa

palkata ammattijärjestäjää.

Kannattaako tavaroita kerätä?

Kannattaako tavaroita kerätä?

Tietyn tavaran hankkiminen on joskus välttämätöntä.

Joskus se on turhaa,

mutta se voi olla mukavaa.

Tavaroiden hankkiminen ei tee ihmistä onnelliseksi.

Voimme kerätä myös kokemuksia.

Kokemukset ovat erilaisia tietoja ja taitoja.

Niitä voi hankkia elämällä monipuolista elämää.

Kokemuksia keräävät ihmiset ovat yleensä onnellisempia

kuin tavaroita keräävät.

Jos olet ostanut uuden laukun,

siitä ei ole paljon kerrottavaa muille.

Jos olet ollut lomalla,

siitä on enemmän juteltavaa.

Vaikka lomasää olisi ollut huono,

siitä on kiinnostavaa kertoa muille.

Yleensä ihmiset haluavat kertoa kokemuksistaan muille.

Se on mukavaa.

Kokemuksista on kiinnostavampaa keskustella toisten

kanssa kuin tavaroista.

Tositarinoita pakkokeräilystä

Monella meistä on tuttu pakkokeräilijä.

Keräilypakko pilaa usein muiden perheenjäsenten elämän.

Perheenjäsenet eivät ole voineet elää normaalia elämää,

koska he ovat joutuneet salaamaan asian.

Tai sitten pakkokeräily on tehnyt

perheenjäsenten elämästä hankalaa.

Seuraavaksi voit lukea muutamista ihmisistä,

jotka kohtasin sattumalta.

Heillä kaikilla oli kokemuksia pakkokeräilystä.

Tuntemattoman italialaisen kanssa kahvilassa

Join kahvia italialaisessa kahvilassa.

Eläkkeellä oleva italialainen nainen halusi jutella kanssani.

Nainen kertoi,

että hänen aviomiehensä on pakkokeräilijä.

Keräily lisääntyi,

kun mies jäi eläkkeelle.

Nyt heidän kotinsa on niin täynnä tavaraa,

että siellä voi liikkua vain kapeissa käytävissä.

Jos nainen ei koko ajan siivoa,

kodissa on kaaos.

Kun mies on syönyt jukurtin,

hän piilottaa likaisen purkin sänkynsä alle.

Koska nainen tietää miehen piilopaikat,

haisevista roskista ei tule isoa ongelmaa.

Kun tapasin naisen,

hän oli ollut viikon poissa kotoaan lomalla.

Hän pelotti,

millaisessa kunnossa koti on.

Kun nainen kertoi asiasta minulle,

häntä itketti.

Entisen työkaverin kanssa kadulla

Kohtasin sattumalta eläkkeellä olevan työkaverini.

Hänen lapsensa tuovat hänelle säästöön tavaroitaan.

Lapset eivät pysty luopumaan tavaroista,

mutta heillä ei ole tilaa säilyttää niitä.

Koska työkaverini kodissa on tilaa,

lapset tuovat tavaroitaan vanhempiensa kotiin.

Työkaverini talo on täynnä tavaroita,

joita hän ei ole sinne halunnut.

Asia harmitti häntä,

koska heillä tehtiin remonttia.

Turhat tavarat tekivät remontista hankalaa.

Amerikkalaisen ystävättäreni kanssa

Tapasin pitkästä aikaa amerikkalaisen

60-vuotiaan ystävättäreni.

Hän kertoi,

että hänen miehensä äiti on pakkokeräilijä.

Emme olleet koskaan aikaisemmin puhuneet asiasta.

Ystävättäreni pelästyi,

kun hän näki ensimmäisen kerran miehen

lapsuudenkodin.

Ystävättäreni päätti,

että he eivät koskaan mene sinne lasten kanssa.

Miehen äiti on nyt 90-vuotias vanhus,

mutta hän on hyvässä kunnossa.

Aikanaan nainen oli opettaja.

Naisen aviomies jätti hänet kauan sitten,

koska hän ei kestänyt kodin sotkuisuutta.

Vanhuksen kodissa kaikki näyttää ulospäin normaalilta.

Auto ei kuitenkaan mahdu autotalliin,

koska se on täynnä turhia likaisia tavaroita.

Kun autotallin oven avaa,

sieltä juoksee ulos hiiriä.

Ystävättäreni mies on lääkäri.

Poika on huolissaan äidistään,

mutta hän ei voi auttaa äitiään.

Mies on yrittänyt vuosien varrella kaikenlaista,

mutta tehtävä on mahdoton.

Kuntosalilla naispoliisin kanssa

Juttelin kuntosalilla 50-vuotiaan naispoliisin kanssa.

Puhuimme meille tärkeistä tavaroista.

Kysyin,

ovatko puhelimet hänelle tärkeitä.

Naisella oli niitä kaksi.

Naisella on monia tavaroita enemmän kuin kaksi.

Kun nainen ostaa uuden kattilan,

hän ei pysty heittämään vanhaa pois.

Nainen ajattelee,

että sitä voi kuitenkin käyttää.

Naisen äiti toimii samalla tavalla.

Nainen on joskus ajatellut,

että hän vie vanhan rikkinäisen tavaran kierrätykseen.

Hän ei ole kuitenkaan tehnyt sitä.

Nainen on myös joskus ajatellut,

että hän antaa kunnossa olevan vanhan tavaran

hyväntekeväisyyteen.

Hän ei ole tehnyt sitäkään.

Kysyin,

voisiko hän säästää vain ne tavarat,

joista tulee hyvä mieli.

Ajatus oli naisen mielestä vaikea.

Hän ei voi tietää,

mistä tavaroista hänelle tulee varmasti hyvä mieli.

Kaverini kanssa

Kaverini kauhistui,

kun hän kävi pitkästä aikaa vanhan tätinsä luona.

Tädin talo on aina ollut täynnä tavaraa.

Nyt tavaraa oli vielä enemmän.

Missään ei ollut tyhjää tilaa.

Täti ryhdistäytyy välillä.

Silloin hän haluaa antaa kaverilleni jotakin.

Täti ei ole kuitenkaan koskaan pystynyt tekemään sitä.

Kaikkiin tavaroihin liittyy jokin liian tärkeä muisto.

Hän ei pysty luopumaan mistään.

Tutun kanssa

75-vuotias tuttuni on innostunut kuolinsiivouksesta.

Se tarkoittaa sitä,

että ihminen käy läpi omat tavaransa

silloin kun hän vielä elää.

Niin tavarat eivät jää muiden hoidettavaksi.

Tuttuni ystävällä on paljon tavaroita,

joista hänen on vaikea luopua.

Hän ei päässyt kuolinsiivouksen alkuun ilman apua.

Hän pyysi kotiinsa asiantuntija,

joka oli erikoistunut vanhoihin tavaroihin.

Vanhan koulukaverini kanssa

Tapasin sattumalta 30 vuoden jälkeen koulukaverini.

Hän halusi kertoa minulle asian,

joka oli aina vaivannut häntä.

Koulukaveriani oli aina harmittanut,

koska hän ei ollut voinut pyytää minua lapsena kotiinsa.

Koti oli ollut niin sotkuinen.

Äiti oli kieltänyt kaikki vieraat,

koska äitiä hävetti kodin sotkuisuus niin paljon.

Äiti oli myöhemmin sanonut koulukaverilleni,

että hän oli luovuttanut.

Hän ei pystynyt aloittamaan siivoamista,

koska se tuntui mahdottomalta tehtävältä.

Äiti halusi tehdä sen täydellisesti.

Koska se ei onnistunut,

tuntui helpommalta olla siivoamatta.

Asunnon lattialla ei ollut tyhjää kohtaa.

Äiti ei voinut laittaa ruokaa,

koska keittiö oli täynnä kaikkea muuta.

Kun äiti jäi eläkkeelle,

hän söi kotona vain leipää ja jukurttia.

Kun koulukaverini meni lasten kanssa äidin luokse,

äiti tyhjensi keittiönpöydästä yhden paikan.

He istuivat siinä vuorotellen

ja söivät äidin tarjoaman aterian.

Suuri osa äidin päivästä kului tavaroiden siirtelyyn.

Äidin piti herätä kaksi tuntia normaalia aikaisemmin,

jos hän halusi käydä suihkussa.

Ensin äidin piti siirtää kaikki tavarat suihkutilasta pois

ennen kuin hän pystyi menemään suihkuun.

Tutun isännöitsijän kanssa

Tuttu isännöitsijä kertoi,

että remonttien aikana asunnoista paljastuu yllätyksiä.

Isännöitsijän työtä on hoitaa asioita siinä talossa,

jossa asumme.

Kun asunto pitää tyhjentää remontin takia,

se voi olla pakkokeräilijälle mahdotonta.

Jos tuttu isännöitsijä pystyy,

hän järjestää pakkokeräilijälle apua

asunnon tyhjentämiseen.

Kerran tuttu isännöitsijä järkyttyi todella paljon.

Kahden vanhuksen koti oli täynnä sanomalehtiä.

Siellä oli vain kapeat käytävät liikkumista varten.

Vanha pariskunta makasi makuuhuoneen sängyssä

ja katsoi televisiota.

Kaikki muut huoneet olivat täynnä tavaraa.

Keittiössä ei voinut laittaa ruokaa,

suihkussa ei voinut käydä.

Asunnossa haisi pahalle,

koska siellä oli niin paljon haisevia roskia.

Surullinen näky on jäänyt isännöitsijän mieleen ikuisesti.

Seuraavaksi voit lukea viisi todellista tarinaa
pakkokeräilystä.
Toivottavasti niistä on sinulle apua.

Tarinoiden ihmiset ovat oikeita ihmisiä,
mutta olen muuttanut heidän nimensä.

1: Anne

Anne on 40-vuotias nainen,

joka asuu yksin.

Hän menetti työnsä yhtäkkiä

ja masentui siitä.

Anne on käynyt terapiassa masennuksen takia.

Hän syö lääkkeitä masennukseen.

Anne on myös pakkokeräilijä.

Anne häpeää asiaa,

mutta hän ei pysty lopettamaan pakkokeräilyä.

Anne on köyhän maatalon tyttö.

Hän on aina kerännyt kaikkea mahdollista.

Anne ei voi heittää mitään pois,

koska hän voi tarvita tavaroita myöhemmin.

Anne ei pysty luopumaan tavaroista,

koska niihin liittyy rakkaita muistoja.

Anne pukeutuu kauniisti.

Hän kerää koruja, meikkejä ja vaatteita.

Hän kerää tavaroita myös muille.

Anne ostaa lahjoja,

jotka hän antaa heille joskus.

Annen ostokset eivät ole koskaan kalliita,

mutta niitä on paljon.

Hän käy säännöllisesti kirpputoreilla.

Anne on iloinen ja aktiivinen,

eikä hän pelkää ihmisiä.

Annella on ystäviä,

ja hänellä on paljon erilaisia harrastuksia.

Annen koti on täynnä tavaroita.

Hän ei halua,

että kukaan näkee sen.

Anne ei halua kutsua edes siskoaan kotiinsa,

koska häntä hävettää.

Joskus Anne on niin masentunut,

että hän ei pysty nousemaan sängystä.

Silloin vessaan meneminenkin on ylivoimaista.

Silloin Anne makaa vain sängyn pohjalla.

Annen asunto on pieni kaksio.

Olohuone on täynnä tavaraa.

Anne ei laita ruokaa,

koska lieden ja tiskipöydän päällä on niin paljon tavaroita.

Anne syö vain leipää, juustoa ja jukurttia.

Kylpyhuone on käytössä.

Hän pystyy käymään suihkussa ja pesemään pyykkiä.

Anne haluaisi löytää miehen ja saada lapsen.

Hän uskoo,

että se saisi hänet luopumaan tavaroista.

Annea pelottaa,

että hän on liian vanha saamaan lapsen.

Anne hoitaa muiden lapsia säännöllisesti.

Hänen pikkusiskonsa oli juuri saanut lapsen.

Siskonpojan takia Anne halusi tehdä jotain kodilleen.

Hän halusi,

että lapsi voisi tulla joskus hänen luokseen.

Annesta on aina tuntunut siltä,

että hänestä ei pidetä.

Annen äiti on sanonut,

että hän ei osaa tehdä mitään oikein.

Monet ystävät haluaisivat auttaa Annea.

Se ei kuitenkaan onnistu.

Anne ei halua,

että kukaan näkee hänen sotkuisen kotinsa.

Tapaamisemme jälkeen Anne on siivonnut kotiaan.

Se on sellaisessa kunnossa,

että siskonpoika on voinut käydä hänen luonaan.

Anne on myös löytänyt uuden työpaikan,

mutta hän ei ole vielä löytänyt miestä.

2: Kirsti

Kirsti on 60-vuotias nainen,

joka on eläkkeellä.

Hän on aina ollut säästäväinen,

eikä hän tuhlaa rahaa mihinkään turhaan.

Kirsti ei heitä mitään roskiin,

ja hän kierrättää myös tavaroita.

Kirsti oli toivonut,

että hän olisi saanut hänen lapsuudenkotinsa mökikseen.

Kirsti oli ajatellut viedä tavaroita sinne.

Se ei kuitenkaan onnistunut.

Kirsti omisti miehensä kanssa kuusi asuntoa.

Hän täytti niiden varastot keräämillään tavaroilla.

Kun Kirstin mies kuoli,

miehen sukulaiset halusivat myydä puolet asunnoista.

Kirstille jäi enää kolmen asunnon varastot käyttöön.

Silloin Kirstin oli pakko luopua joistakin tavaroista.

Se ei ollut hänelle täysin mahdotonta,

koska hän on antelias.

Kirsti antaa mielellään pois sellaisia tavaroita,

joita joku tarvitsee.

Kirsti myy joskus tavaroitaan kirpputorilla,

ja hän antaa niitä myös hyväntekeväisyyteen.

Kirstillä on silti tavaroita aivan liikaa.

Kirstin koti on niin täynnä tavaraa,

että häntä hävettää pyytää sinne vieraita.

Kirstin luona käyvät kylässä vain

Kirstin tytär ja pakkokeräilevä ystävätär.

Kirsti kärsii tilanteesta,

mutta hän ei pysty muuttamaan sitä.

Kirstin tytär on vaikuttanut hänen käyttäytymiseen,

koska Kirsti haluaa miellyttää tytärtään.

Tavarat tekevät Kirstin olon turvalliseksi.

Hänellä ei ollut lapsena tai nuorena turvallinen olo.

Kirstin piti kasvaa aikuiseksi liian nuorena.

Kun Kirsti oli 7-vuotias,

hänen piti hoitaa vammaista pikkuveljeään.

Koska Kirstin äiti oli sairas,

hänen piti auttaa äitiään.

Kirstin mielestä pakkokeräily johtuu

lapsuudessa tapahtuneista asioista.

Kirsti on säästänyt lapsuudenkotinsa kauniita astioita,

koska ne tekevät hänen olonsa turvalliseksi.

Vaikka Kirsti oli käynyt terapiassa,

hän ahdistui keskustelustamme.

Kirstin piti mennä tapaamaan terapeuttiaan.

Lopulta Kirsti oli kuitenkin tyytyväinen,

että hänen oli pakko käsitellä asia.

3: Pirjo

Pirjo on 75-vuotias suomalainen nainen.

Hän tutustui 20-vuotiaana

saman ikäiseen japanilaiseen mieheen.

Pirjo muutti Japaniin,

ja hän meni miehen kanssa naimisiin.

Kun mies valmistui ja meni töihin,

hän alkoi ostaa hienoja laukkuja ja vaatteita.

Mies ei käyttänyt niitä,

vaan hän paketoi ne

ja laittoi kaappiin.

Heillä oli pieni asunto.

Pian miehen tavarat eivät mahtuneet kaappeihin.

Kun tytär syntyi,

he saivat suuremman asunnon.

Sekin täyttyi tavaroista.

Tarpeellisille tavaroille ei ollut tilaa.

Lapsi ei koskenut isänsä tavaroihin.

Kerran mies veti jalkaansa yhdet kenkänsä

ja ihaili niitä.

Lapsi tuli silloin yllättäen huoneeseen.

Hän alkoi juosta isää kohti.

Mies pelästyi,

että lapsi koskisi hänen kenkiinsä.

Hän kielsi lastaan tulemasta lähelleen.

Kiltti lapsi pysähtyi

ja antoi isän ihailla kenkiään.

Mies oli hyvä piirtäjä.

Hän ei kuitenkaan halunnut piirtää tyttärelleen mitään.

Mies halusi aina tehdä kaiken täydellisesti.

Hän pelkäsi,

että piirroksesta ei tulisi täydellistä.

Pirjo meni avioliittoneuvojalle,

koska mies ei pystynyt puhumaan normaaleista asioista.

Miestä kiinnostivat vain tavarat.

Ne olivat miehelle tärkeämpiä kuin oma lapsi.

Mieskin tuli tapaamisiin pari kertaa.

Siitä ei kuitenkaan ollut hyötyä.

Mies ei jaksanut tehdä töitä avioliiton eteen.

He erosivat.

He olivat naimisissa kymmenen vuotta.

Pirjo muutti 7-vuotiaan tyttärensä kanssa Suomeen.

Nyt 40-vuotias tytär on käynyt

säännöllisesti tapaamassa isäänsä Japanissa.

Tytär on kiinnostunut hienoista tavaroista.

Tytär ostaa niitä paljon,

mutta hän ei ole pakkokeräilijä.

Mies on mennyt uudelleen naimisiin.

Miehen uusi vaimo on myös pakkokeräilijä.

Pirjo ei ole koskaan ymmärtänyt miehensä sairautta.

Mies oli muuten kunnollinen ja mukava.

Pirjo ei osannut hakea apua itselleen.

Hänen mielestään keskustelu ystävän kanssa

tai terapiassa käyminen olisi auttanut häntä.

Pirjo ei ollut koskaan puhunut asiasta

kenenkään kanssa.

Minä olin ensimmäinen ihminen,

jolle hän kertoi asiasta.

4. Paavo

Nimetön 50-vuotias mies lähetti minulle kirjeen.

Kutsun häntä Paavo-nimellä.

Hän kertoi kirjeessä tilanteestaan.

Paavo asuu pienellä paikkakunnalla.

Paavo ei ollut tajunnut olevansa pakkokeräilijä

ennen kuin hänen serkkunsa mainitsi Paavolle asiasta.

Paavon koti on täynnä tavaraa,

eikä hän heitä koskaan mitään pois.

Paavo ei ole kiinnostunut ruuanlaitosta.

Keittiö on täynnä tavaroita.

Olohuoneessa Paavo voi katsoa nojatuolista televisiota.

Muuten olohuone on täynnä vanhoja

huonekaluja ja tavaroita.

Paavolla ei ole kirjoja.

Makuuhuoneessa Paavolla on tyhjänä vain sänky.

Muu huone on täynnä tavaraa.

Paavo ei peseydy kylpyhuoneessa,

vaan pihalla olevassa saunarakennuksessa.

Kylpyhuoneessa on monta kissaa.

Paavo ei ole hankkinut niitä,

vaan ne ovat tulleet hänen luokseen.

Paavo antaa niiden nukkua kylpyhuoneessa.

Paavon koti on vanha huonokuntoinen omakotitalo.

Siinä on iso piha ja ulkorakennuksia.

Ne ovat täynnä tavaroita.

Paavolla on monta rikkinäistä traktoria.

Paavo ei halua hävittää niitä,

koska hän tarvitsee niistä varaosia.

Paavo on aina kerännyt tavaroita.

Keräily lisääntyi sen jälkeen,

kun hänen isovanhempansa kuolivat.

Isovanhemmilla oli paljon Paavolle rakkaita tavaroita.

Jos hän ei olisi ottanut niitä,

ne olisi heitetty pois.

Paavon omat vanhemmat eivät kerää mitään turhaa.

Paavon isä on kauhuissaan poikansa pakkokeräilystä,

koska hän kärsi oman isänsä keräilypakosta.

Monet paikkakuntalaiset ovat pyytäneet,

että piha siivottaisiin.

He pitävät Paavon tavaroita turhina tai roskina.

Paavo ei kuitenkaan voi luopua niistä.

Niihin liittyy tärkeitä muistoja.

Niiden hävittäminen olisi Paavon mielestä tuhlaamista.

Paavo myöntää,

että hänellä on paljon tavaraa.

Omasta mielestään hän ei ole pakkokeräilijä.

Paavon mielestä hänellä ei ole mitään tautia,

josta hänen pitäisi parantua.

5. Maarit

Maarit on 40-vuotias nainen.

Hänellä on aviomiehensä kanssa 11- ja 13-vuotiaat pojat.

Mies ja miehen äiti ovat pakkokeräilijöitä.

Pariskunta on eroamassa.

Maarit on siisti ihminen.

Hän on huolissaan pojistaan.

Lapset ovat eron jälkeen suurimman osan ajasta äidillään,
mutta he käyvät myös isän luona.

Maarit pelkää,

että miehen pakkokeräily pahenee eron jälkeen.

Maarit pelkää myös,

että pojat ottavat mallia isästään.

Maarit ei halua,

että pojat rupeavat keräämään tavaroita.

Miehen äiti on pakkokeräilijä,

isä ei.

Mies naureskelee äidilleen.

Maarit on sanonut miehelleen,

että hän on äitinsä kaltainen.

Mies ei ymmärrä väitettä.

Maaritin mielestä miehen äiti on ostanut tavaroita,

koska hänellä on ollut paha mieli.

Miehen isä on alkoholisti.

Miehen lapsuudenkoti oli pieni kaksio.

Se oli täynnä äidin hankkimia halpoja tavaroita.

Miehen vanhemmat nukkuivat

olohuoneen lattialla patjalla.

Mies nukkui veljensä kanssa

makuuhuoneessa kerrossängyssä.

Miehen äiti asuu edelleen yksin samassa asunnossa.

Miehen isä on hoitolaitoksessa.

Nykyään asunto on aivan täynnä turhia tavaroita.

Miehen äiti oli töissä tavaratalossa.

Hän osti sieltä halvalla paljon kauneudenhoitotuotteita.

Äiti on säästänyt 20 vuotta vanhoja kynsilakkapulloja.

Ne ovat aivan kuivia,

eikä niitä voi käyttää.

Äiti ei halua heittää niitä pois,

koska niihin liittyy mukavia muistoja.

Miehen äiti on myös ostanut varastoon lahjoja.

Lapsenlapset ovat saaneet isoäidiltään sukkia,

jotka on ostettu yli 15 vuotta sitten.

Mies kerää kalastamiseen liittyviä tavaroita.

Miehestä on mukava tehdä käsillä asioita,

mutta hän ei saa käsitöitään valmiiksi.

Asunto on täynnä keskeneräisiä puutöitä.

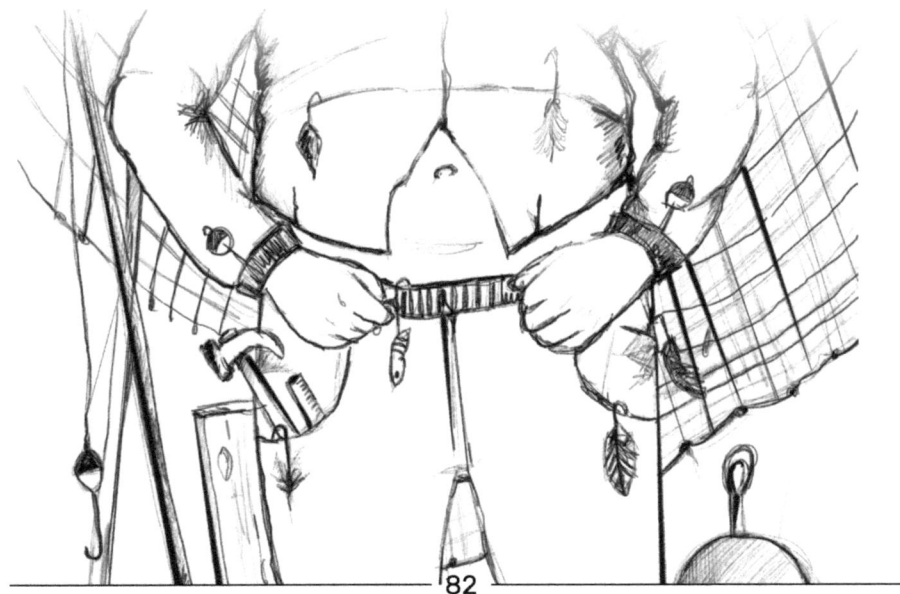

Mies ei pysty luopumaan vanhoista vaatteistaan,

vaikka ne eivät mahdu enää hänen päälleen.

Maarit on heittänyt joskus salaa pois niitä,

mutta mies on huomannut sen.

Mies on suuttunut asiasta Maaritille.

Mies ei myönnä,

että hänellä on ongelma.

Mies on kuitenkin ollut tyytyväinen,

että Maarit on pitänyt kodin siistinä.

Nyt Maarit on luovuttanut.

Hän ei enää jaksa elää miehen kanssa,

jolle tavarat ovat tärkeämpiä kuin perhe.

Lopuksi

Minun mielestäni kannattaa luopua
ylimääräisistä tavaroista.

On järkevää säästää vain ne tavarat,
joita tarvitsee.

Joskus kannattaa säästää myös ne tavarat,
joista tulee hyvä mieli.

Pakkokeräilijä ei välttämättä pysty siihen.

Hän tarvitsee apua.

Monet meistä tuntevat jonkun pakkokeräilijän.

Voimme varovasti kysyä heiltä asiasta

ja luvata auttaa.

Minun mielestäni velvollisuutemme on auttaa heittää.

Pakkokeräily on iso ongelma.

Se on samanlainen tauti kuin alkoholismi.

Keräilypakosta ei puhuta,

koska sitä hävetään.

Pakkokeräilystä voi kuitenkin parantua.

Ongelmasta pitää kertoa kaikille myös Suomessa.

Pakkokeräilijät tarvitsevat apua.

Me voimme kaikki auttaa heitä.

Jos pakkokeräilijä haluaa puhua sinulle,

ole iloinen.

Hän luottaa sinuun.

Kuuntele,

mutta älä neuvo pakkokeräilijää.

Se voi olla vaikeaa,

jos pakkokeräilijä on perheenjäsen.

Miettikää yhdessä,

miten asiat voisi ratkaista.

Jos pakkokeräilijä uskaltaa lähteä terapiaan,

auta häntä löytämään terapeutti.

En ole terapeutti.

Pakkokeräilijät kertoivat kuitenkin

minulle rehellisesti elämästään.

Uskon,

että se johtui oikeasta tavasta.

Kuuntelin heitä,

mutta en neuvonut.

Jos et keksi mitään muuta keinoa,

ota yhteyttä minuun.

Autan sinua.

Voit lähettää minulle sähköpostia tähän osoitteeseen:

akponteva@gmail.com

Tai voit soittaa minulle tähän numeroon:

050 559 2800

Tämä kirja perustui Hamstraus hallintaan -kirjaani.

Hamstraus hallintaan -kirjan lopussa on lähdeluettelo,
jonka avulla löydät lisää tietoa pakkokeräilystä.

Kirjat eivät ole selkokielisiä.

Tämä on hyvä yleiskielellä kirjoitettu artikkeli pakkokeräilystä:

Huttunen, Matti (2015) Keräilypakko. Duodecim 131: 1340–1344.

Se löytyy Internetistä tämän linkin takaa:

https://www.terveyskirjasto.fi/xmedia/duo/duo12368.pdf